Impressum
Verlag: BABADADA GmbH, Nedderfeld 112 , 22529 Hamburg
Geschäftsführer / Verlagsleitung: Harald Hof
Druck: Books on Demand GmbH, In de Tarpen 42, 22848 Norderstedt

Imprint
Publisher: BABADADA GmbH, Nedderfeld 112 , 22529 Hamburg, Germany
Managing Director / Publishing direction: Harald Hof
Print: Books on Demand GmbH, In de Tarpen 42, 22848 Norderstedt

colegio
școală

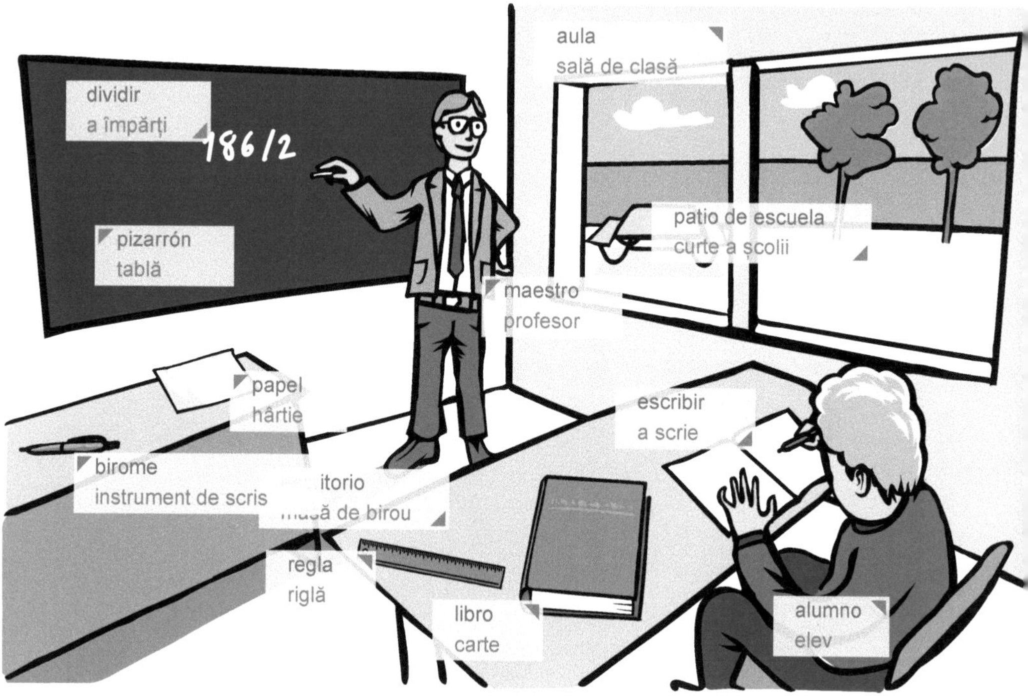
aula
sală de clasă
dividir
a împărți
186/2
pizarrón
tablă
patio de escuela
curte a școlii
maestro
profesor
papel
hârtie
escribir
a scrie
birome
instrument de scris
itorio
ă de birou
regla
riglă
libro
carte
alumno
elev

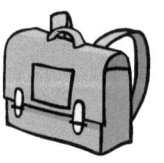

mochila
ghiozdan

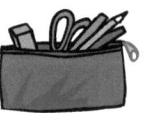

caja de lápices
penar

lápiz
creion

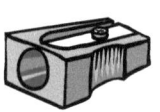

sacapuntas
ascuțitoare

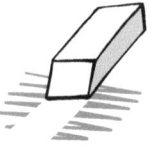

goma (de borrar)
radieră

bloc de dibujo
bloc de desen

dibujo

desen

pincel

pensulă

caja de pinturas

cutie de acuarele

tijera

foarfece

pegamento

lipici

cuaderno de ejercicios

caiet de exerciții

tarea

temă

número

număr

sumar

a aduna

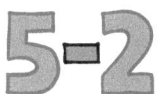

restar

a scădea

multiplicar

a multiplica

calcular

a calcula

letra

literă

abecedario

alfabet

palabra

cuvânt

texto

text

leer

a citi

tiza

cretă

lección

oră

cuaderno de clase

catalog

examen

examen

certificado

certificat

uniforme escolar

uniformă școlară

educación

educație

enciclopedia

enciclopedie

universidad

universitate

microscopio

microscop

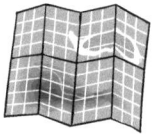

mapa

hartă

tacho (de basura)

coș de gunoi

viaje
călătorie

hotel
hotel
hostel
hostel
ROOMS
EXCHANGE
casa de cambio
casă de schimb valutar
valija
valiză
auto
autovehicul

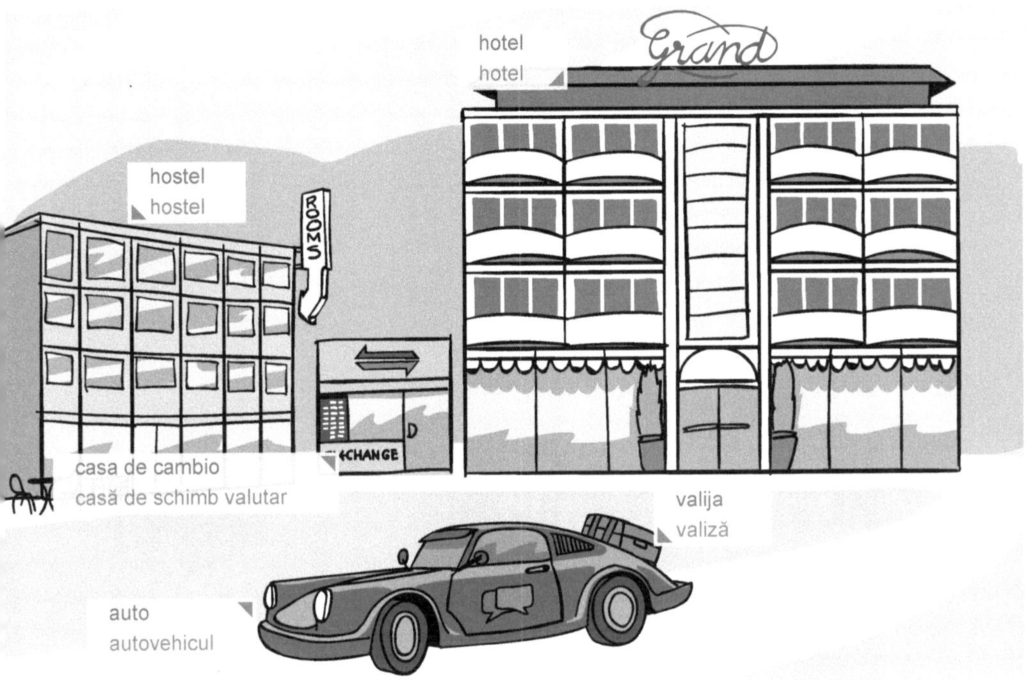

idioma

limbă

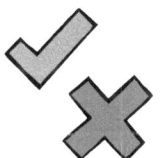

sí / no

da/nu

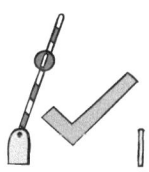

Está bien

okay

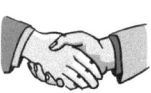

hola

Bună!

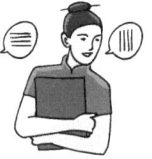

traductor

interpret

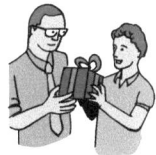

Gracias

mulțumesc

¿cuánto cuesta…?

Cât costă…?

No entiendo

Nu înțeleg

problema

problemă

¡Buenas tardes!

Bună seara!

¡Buenos días!

Bună dimineața!

¡Buenas noches!

Noapte bună!

adiós

la revedere

dirección

direcție

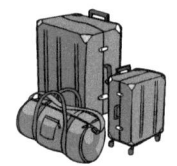

equipaje

bagaj

bolso

geantă

mochila

rucsac

invitado

oaspete

habitación

cameră

bolsa de dormir

sac de dormit

carpa

cort

información turística

punct de informare turistică

playa

plajă

tarjeta de crédito

carte de credit

desayuno

mic dejun

almuerzo

masa de prânz

cena

cină

pasaje

bilet de călătorie

ascensor

lift

sello

timbru poştal

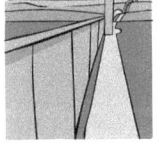

frontera

graniţă

aduana

vamă

embajada

ambasadă

visa

viză

pasaporte

paşaport

transporte
transport

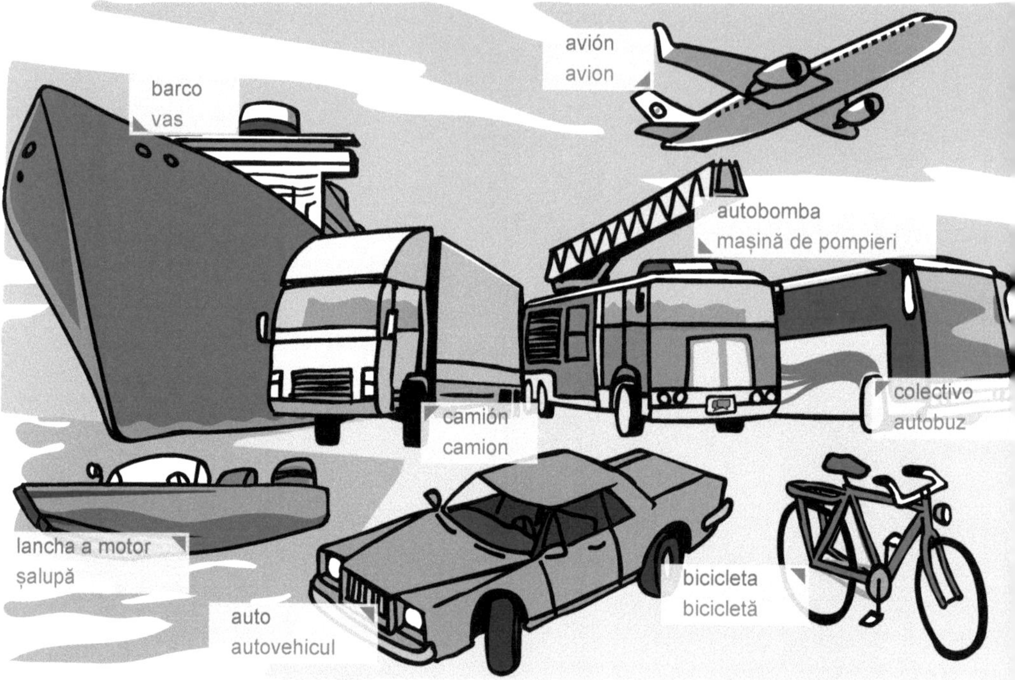
barco
vas
avión
avion
autobomba
mașină de pompieri
colectivo
autobuz
camión
camion
lancha a motor
șalupă
bicicleta
bicicletă
auto
autovehicul

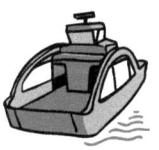

ferry

feribot

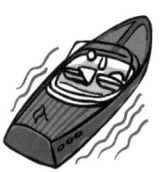

bote

barcă

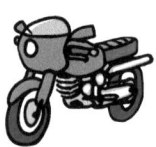

moto

motocicletă

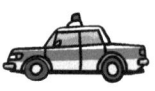

patrullero

mașină de poliție

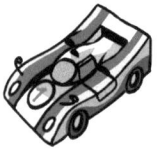

auto de carreras

mașină de curse

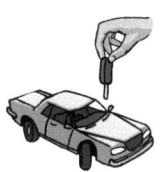

auto de alquiler

mașină închiriată

alquiler de autos

car sharing

grúa

mașină de tractat

camión de basura

mașină de gunoi

motor

motor

nafta

combustibil

estación de servicio

benzinărie

señal de tránsito

semn de circulație

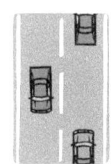

tránsito

trafic

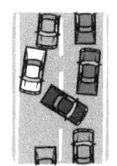

embotellamiento

ambuteiaj

estacionamiento

parcare

estación de tren

gară

vías

șine

tren

tren

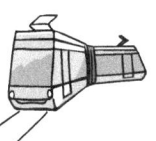

tranvía

tramvai

vagón

vagon

helicóptero

elicopter

aeropuerto

aeroport

torre

turn

pasajero

pasager

contenedor

container

caja de cartón

carton

carretilla

căruță

canasta

coș

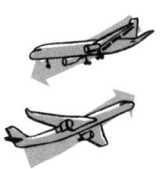

despegar / aterrizar

a decola/a ateriza

ciudad

oraș

pueblo

sat

centro de ciudad

centru

casa

casă

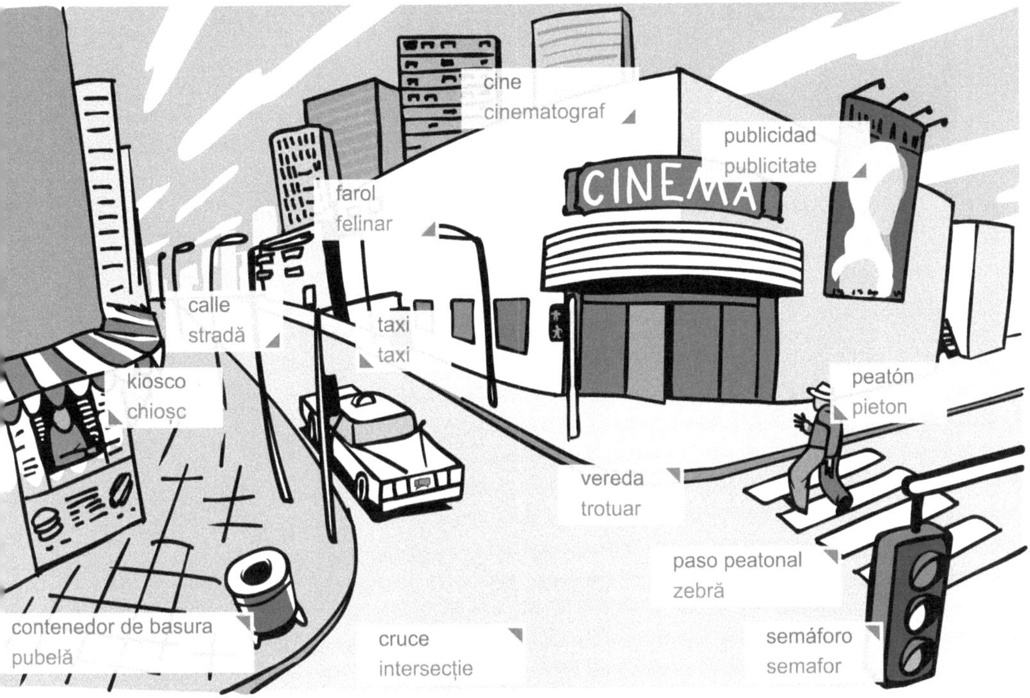

cine
cinematograf

publicidad
publicitate

farol
felinar

CINEMA

calle
stradă

taxi
taxi

kiosco
chioşc

peatón
pieton

vereda
trotuar

paso peatonal
zebră

contenedor de basura
pubelă

cruce
intersecţie

semáforo
semafor

cabaña

cabană

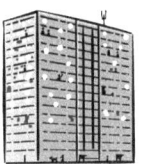

departamento

apartament

estación de tren

gară

municipalidad

primărie

museo

muzeu

colegio

şcoală

ciudad - oraş

universidad

universitate

banco

bancă

hospital

spital

hotel

hotel

farmacia

farmacie

oficina

birou

librería

librărie

negocio

magazin

florería

florărie

supermercado

supermarket

mercado

piață

grandes tiendas

magazin universal

pescadería

comerciant de pește

centro comercial

centru comercial

puerto

port

ciudad - oraș

parque

parc

banco

bancă

puente

pod

escaleras

trepte

subte

metrou

túnel

tunel

parada del colectivo

stație de autobuz

bar

bar

restaurante

restaurant

buzón

cutie poștală

letrero

tăbliță indicatoare cu
numele străzii

parquímetro

parcometru

zoológico

grădină zoologică

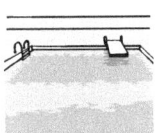

pileta

piscină

mezquita

moschee

ciudad - oraș

granja
gospodărie țărănească

contaminación
poluare

cementerio
cimitir

iglesia
biserică

juegos infantiles
loc de joacă

templo
templu

paisaje
peisaj

hoja
frunză

poste indicador
indicador

camino
drum

pradera
pajiște

piedra
piatră

árbol
copac

excursionista
drumeț

río
râu

hierba
iarbă

flor
floare

valle
vale

montaña
deal

lago
lac

bosque
pădure

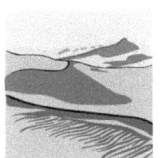

desierto
deşert

volcán
vulcan

castillo
castel

arco iris
curcubeu

champiñón
ciupercă

palmera
palmier

mosquito
tânţar

mosca
muscă

hormiga
furnică

abeja
albină

araña
păianjen

escarabajo

gândac

rana

broască

ardilla

veveriță

erizo

arici

liebre

iepure

lechuza

bufniță

pájaro

pasăre

cisne

lebădă

jabalí

porc mistreț

ciervo

cerb

alce

elan

presa

dig

aerogenerador

turbină eoliană

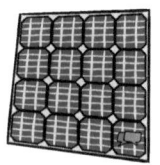

panel solar

panou solar

clima

climă

restaurante
restaurant

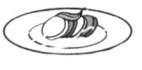

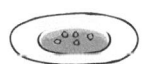

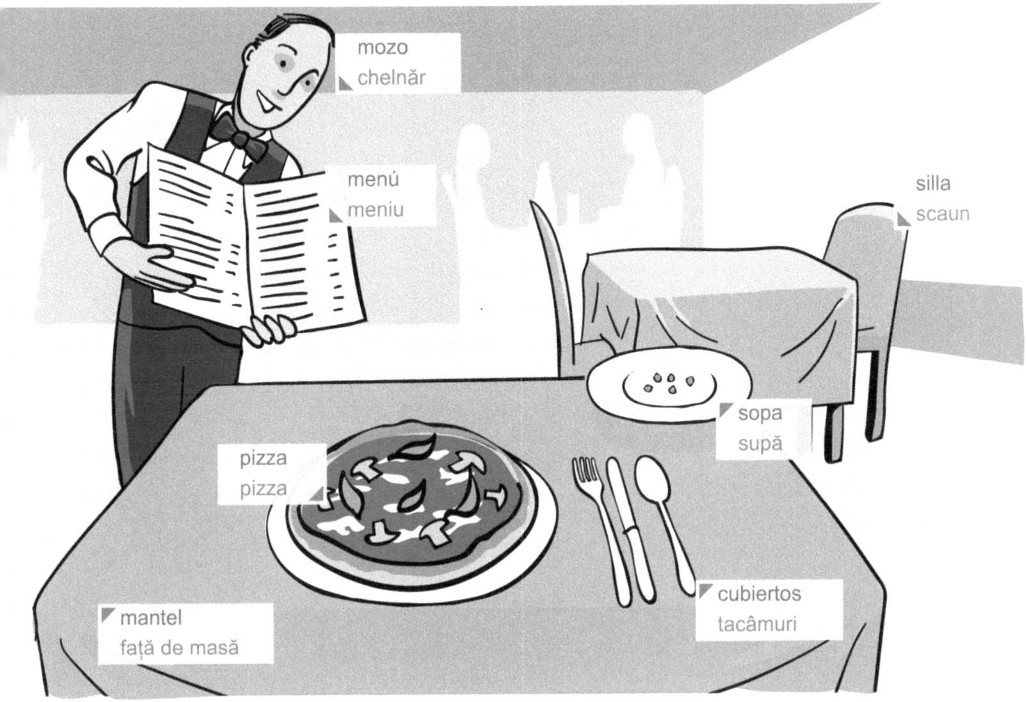

mozo
chelnăr
menú
meniu
silla
scaun
sopa
supă
pizza
pizza
cubiertos
tacâmuri
mantel
față de masă

entrada

antreu

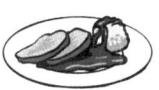

plato principal

fel principal

postre

desert

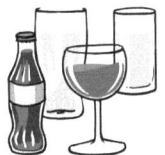

bebidas

băuturi

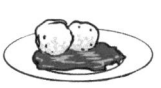

comida

mâncare

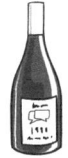

botella

sticlă

comida rápida

fastfood

comida callejera

streetfood

tetera

ceainic

azucarera

zaharniţă

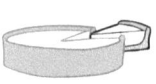

porción

porţie

cafetera expreso

espressor

sillita alta

scaun înalt (pentru copii)

cuenta

factură

bandeja

tavă

cuchillo

cuţit

tenedor

furculiţă

cuchara

lingură

cucharita

linguriţă

servilleta

şerveţel

vaso

pahar

restaurante - restaurant

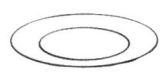

plato

farfurie

plato hondo

farfurie de supă

plato

farfurie

salsa

sos

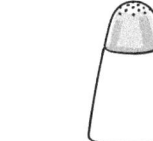

salero

solniță

molinillo de pimienta

râșniță de piper

vinagre

oțet

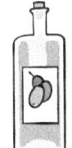

aceite

ulei

especias

condimente

kétchup

ketchup

mostaza

muștar

mayonesa

maioneză

supermercado
supermarket

oferta especial
ofertă
FOR
cliente
client
lácteos
produse lactate
fruta
fructe
changuito
cărucior de cumpărături

BUTCHERS

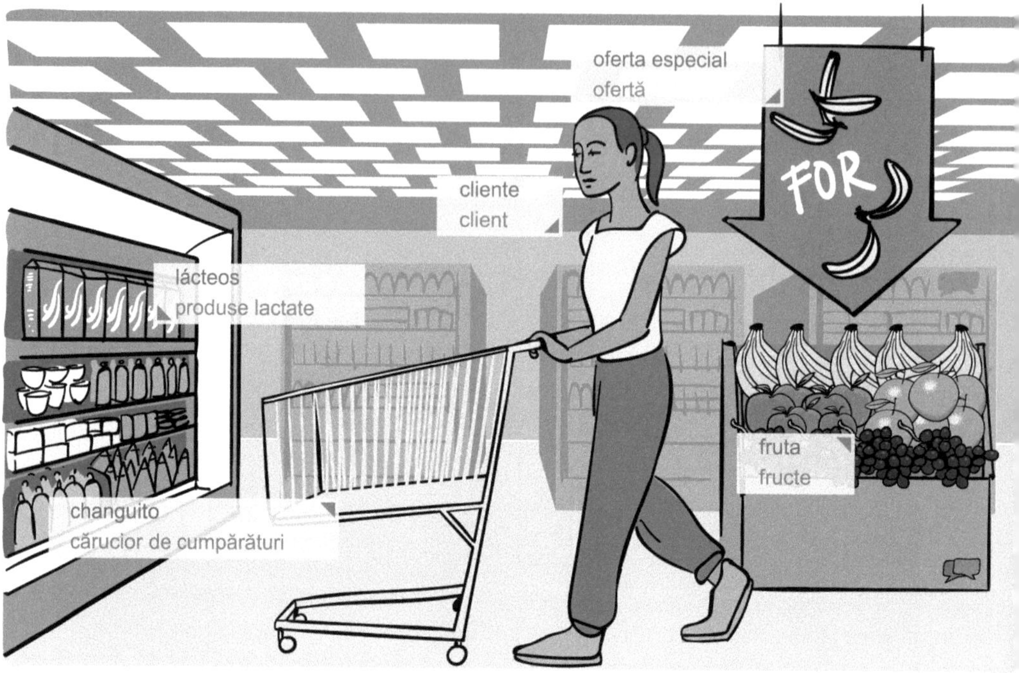

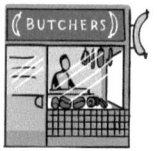

carnicería

măcelărie

BAKERY

panadería

brutărie

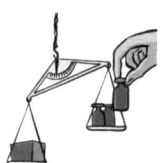

pesar

a cântări

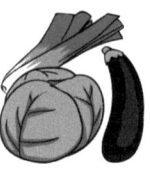

verduras

legume

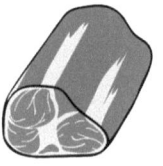

carne

carne

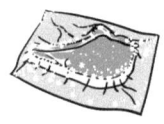

alimentos congelados

alimente refrigerate

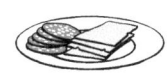

fiambres

ezeluri și brânzeturi feliate

alimentos enlatados

conserve

detergente en polvo

detergent

golosinas

dulciuri

electrodomésticos

articole de menaj

productos de limpieza

produse de curățenie

vendedora

vânzătoare

caja

casă

cajero

casier

lista de compras

listă de cumpărături

horario de atención

orar

billetera

portmoneu

tarjeta de crédito

carte de credit

cartera

geantă

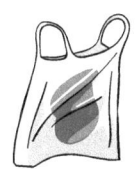

bolsa de plástico

pungă de plastic

agua

apă

jugo

suc

leche

lapte

bebida cola

cola

vino

vin

cerveza

bere

alcohol

alcool

cacao

cacao

té

ceai

café

cafea

café expreso

espresso

cappuccino

cappucino

banana

banane

manzana

măr

naranja

portocală

melón

pepene

limón

lămâie

zanahoria

morcov

ajo

usturoi

bambú

bambus

cebolla

ceapă

champiñón

ciupercă

nueces

nuci

fideos

paste făinoase

tallarines

spagheti

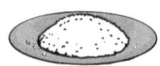

arroz

orez

ensalada

salată

papas fritas

cartofi prăjiți

papas fritas

cartofi țărănești

pizza

pizza

hamburguesa

hamburger

sándwich

sandwich

churrasco

șnițel

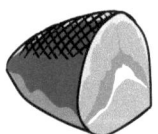

jamón

șuncă

salame

salam

salchicha

cârnați

pollo

pui

asado

friptură

pescado

pește

copos de avena

fulgi de ovăz

muesli

musli

copos de maíz

cereale

harina

făină

medialuna

corn

pancito

chifle

pan

pâine

tostada

pâine prăjită

galletitas

biscuiți

manteca

unt

cuajada

brânză de vaci

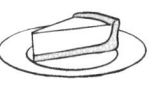

torta

prăjitură

huevo

ou

huevo frito

ouă ochiuri

queso

brânză

comida - mâncare

helado

înghețată

azúcar

zahăr

miel

miere

mermelada

marmeladă

pasta de chocolate

cremă nuga

curry

curry

granja
gospodărie țărănească

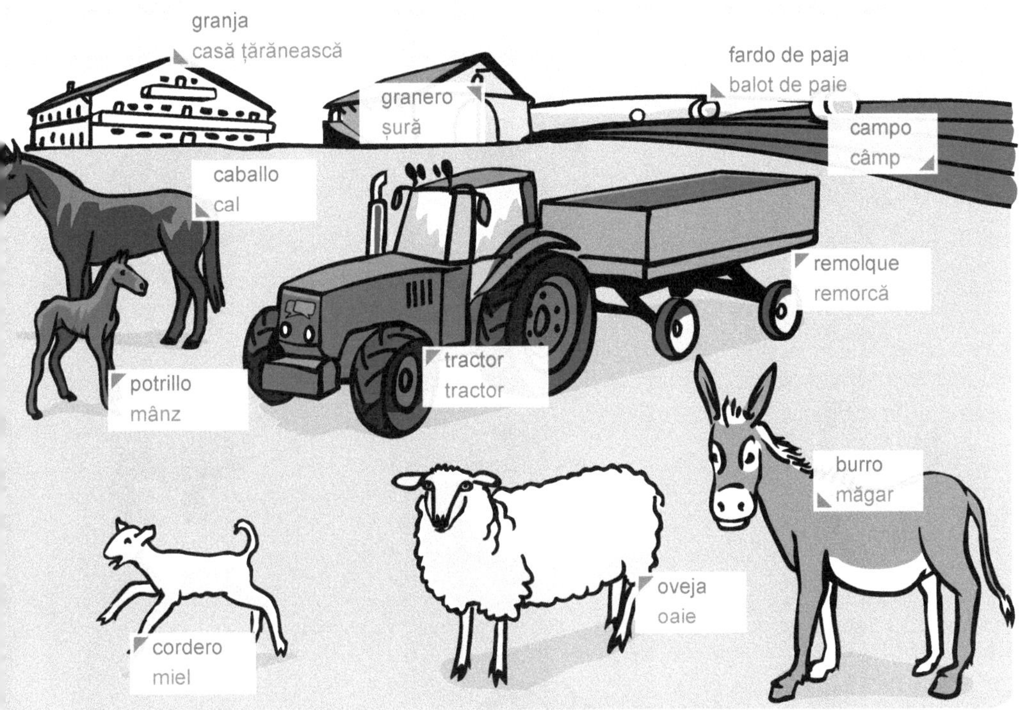
granja
casă țărănească
granero
șură
fardo de paja
balot de paie
campo
câmp
caballo
cal
remolque
remorcă
tractor
tractor
potrillo
mânz
burro
măgar
oveja
oaie
cordero
miel

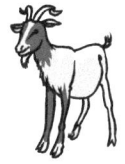

cabra

capră

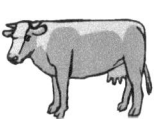

vaca

vacă

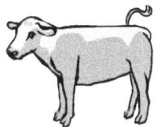

ternero

vițel

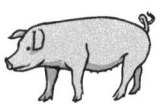

cerdo

porc

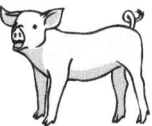

lechón

purcel

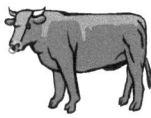

toro

taur

ganso

găină

pato

rață

pollo

pui

gallina

găină

gallo

cocoș

rata

șobolan

gato

pisică

ratón

șoarece

buey

bou

perro

câine

cucha

cușcă

manguera

furtun de grădină

regadera

stropitoare

guadaña

coasă

arado

plug

hoz

secerǎ

azada

sapǎ

horquilla

furcǎ

hacha

secure

carretilla

roabǎ

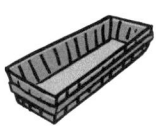

abrevadero

troacǎ

lechera

canǎ pentru lapte

bolsa

sac

reja

gard

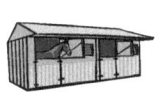

establo

grajd

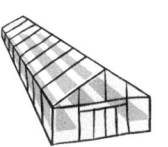

invernadero

serǎ

suelo

sol

semilla

sǎmânțǎ

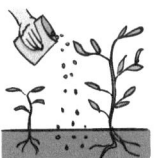

fertilizador

fertilizator

cosechadora

combinǎ de treierat

cosechar
a culege

cosecha
recoltă

batatas
cartof yam

trigo
grâu

soja
soia

papa
cartof

maíz
porumb

semilla de colza
rapiță

árbol frutal
pom fructifer

mandioca
manioc

cereales
cereale

casa
casă

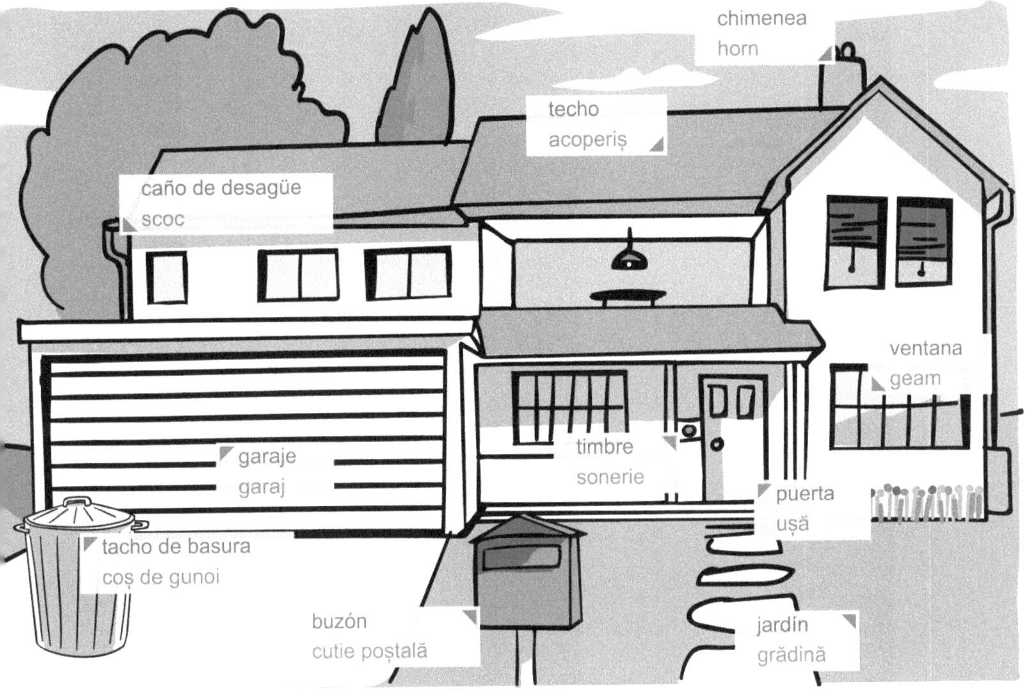
chimenea
horn
techo
acoperiș
caño de desagüe
scoc
ventana
geam
garaje
garaj
timbre
sonerie
puerta
ușă
tacho de basura
coș de gunoi
buzón
cutie poștală
jardín
grădină

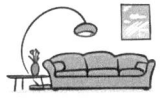

living
cameră de zi

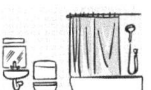

baño
baie

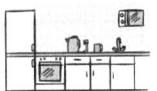

cocina
bucătărie

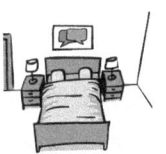

dormitorio
dormitor

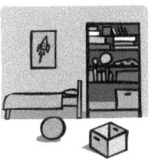

cuarto de los chicos
camera copiilor

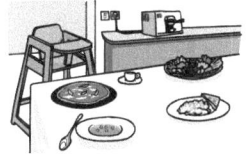

comedor
sufragerie

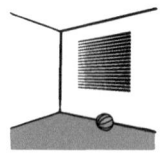

piso

podea

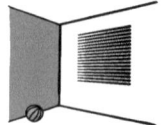

pared

perete

cielorraso

tavan

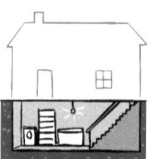

sótano

pivniță

sauna

saună

balcón

balcon

terraza

terasă

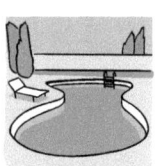

pileta

piscină

cortadora de pasto

mașină de tuns iarba

sábana

cearșaf

acolchado

cuvertură

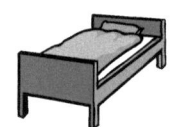

cama

pat

escoba

mătură

balde

găleată

interruptor

întrerupător

living
cameră de zi

empapelado
tapet
imagen
pictură
lámpara
lampă
estante
raft
armario
dulap
televisión
televizor
chimenea
șemineu
flor
floare
almohadón
pernă
sofá
sofa
florero
vază
control remoto
telecomandă

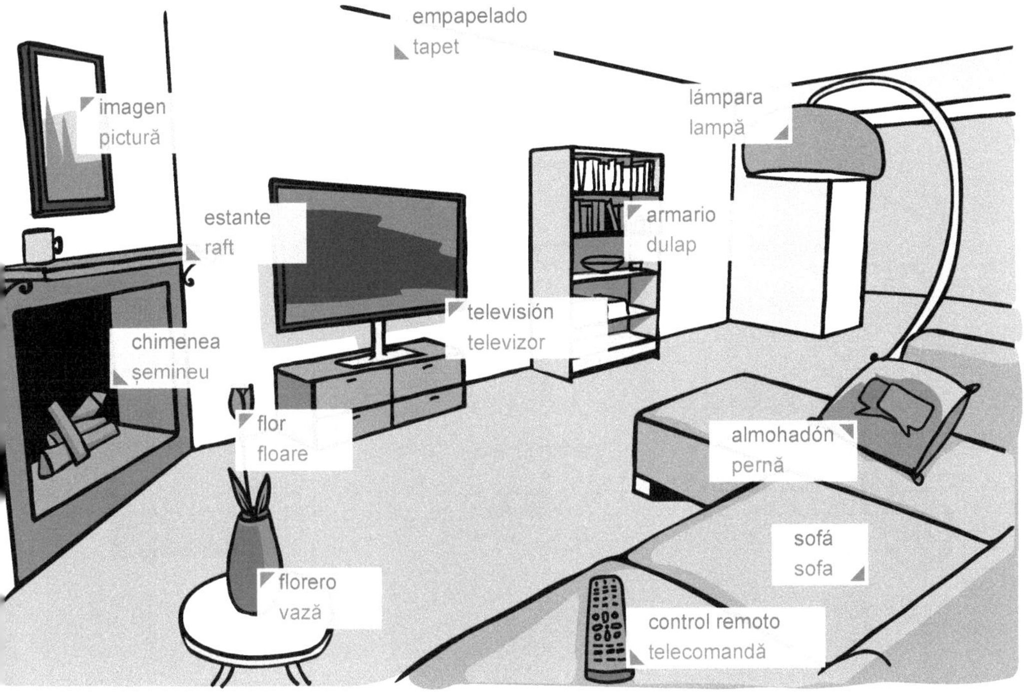

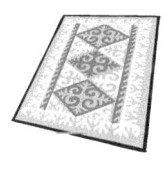

alfombra

covor

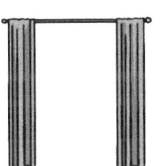

cortina

perdea

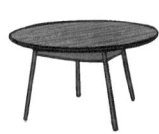

mesa

masă

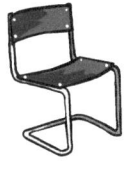

silla

scaun

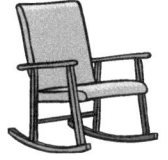

mecedora

balansoar

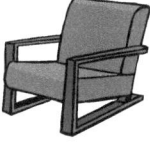

sillón

fotoliu

libro

carte

frazada

pătură

decoración

decoraţiune

leña

lemn de foc

película

film

equipo de música

instalaţie stereo

llave

cheie

diario

ziar

pintura

desen

póster

poster

radio

radio

cuaderno

caiet de notiţe

aspiradora

aspirator

cactus

cactus

vela

lumânare

cocina
bucătărie

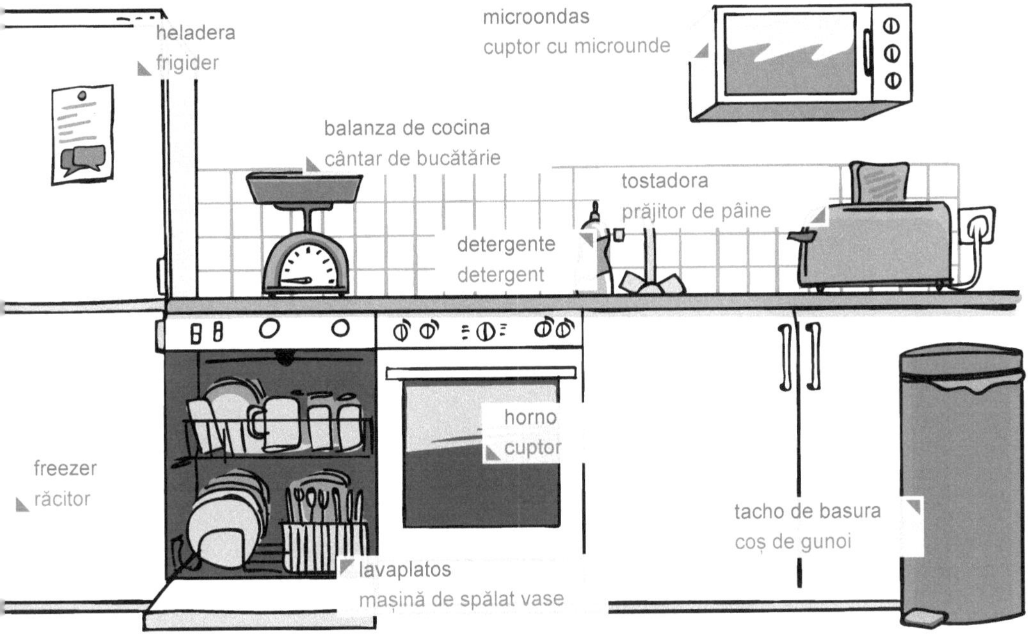

heladera
frigider
microondas
cuptor cu microunde
balanza de cocina
cântar de bucătărie
tostadora
prăjitor de pâine
detergente
detergent
horno
cuptor
freezer
răcitor
tacho de basura
coș de gunoi
lavaplatos
mașină de spălat vase

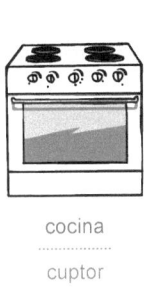

cocina

cuptor

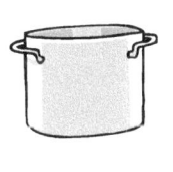

olla

oală

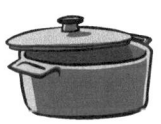

olla de hierro fundido

oală de metal

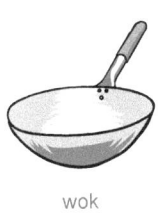

wok

wok/kadai

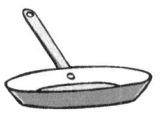

sartén

tigaie

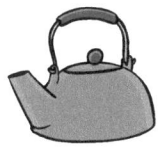

pava

ceainic

vaporera

oală de gătit cu aburi

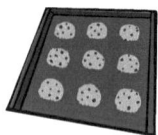

bandeja de horno

tavă de copt

vajilla

veselă

taza

pahar

bol

bol

palitos

bețișoare

cucharón

polonic

estpátula

spatulă

batidora

tel

colador

sită

colador

sită

rallador

răzătoare

mortero

mojar

parrilla

grătar

fogata

loc pentru grătar

tabla de picar

tocător

palo de amasar

sucitor

sacacorchos

tirbușon

lata

conservă

abrelatas

deschizător de conserve

manopla

șervete termice

pileta

chiuvetă

cepillo

perie

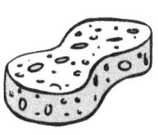

esponja

burete

batidora

mixer

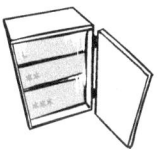

congelador

ladă frigorifică

mamadera

biberon

canilla

robinet

baño

baie

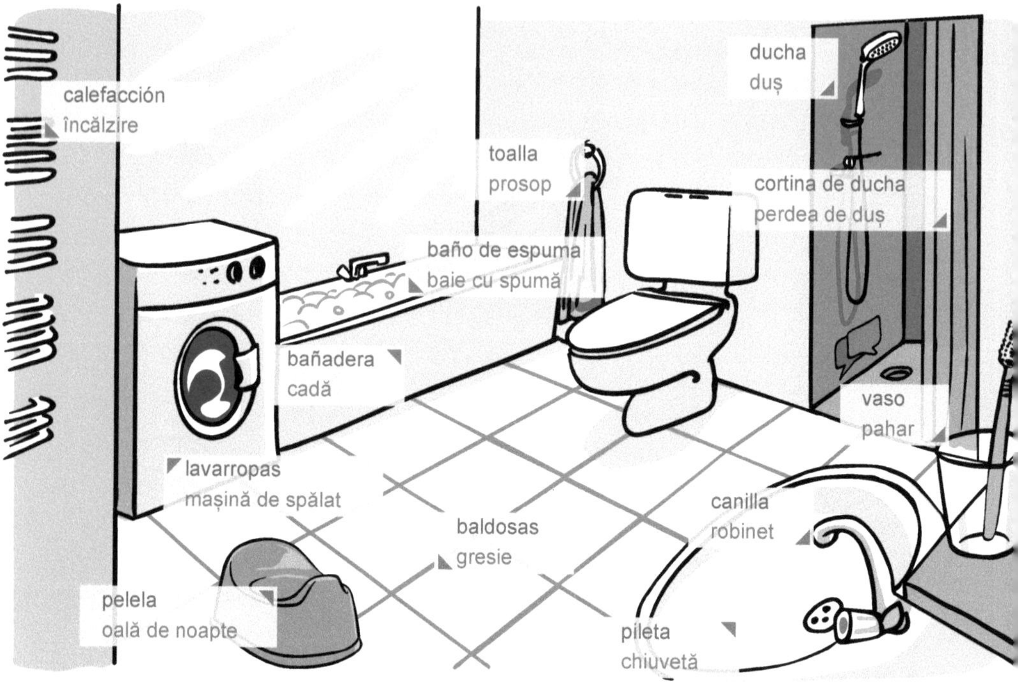
calefacción
încălzire
ducha
duș
toalla
prosop
cortina de ducha
perdea de duș
baño de espuma
baie cu spumă
bañadera
cadă
vaso
pahar
lavarropas
mașină de spălat
canilla
robinet
baldosas
gresie
pelela
oală de noapte
pileta
chiuvetă

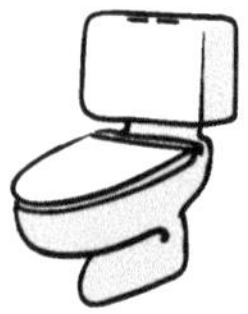

inodoro
toaletă

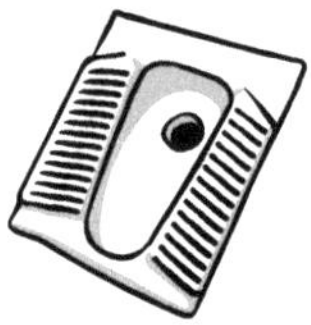

letrina
toaletă turcească

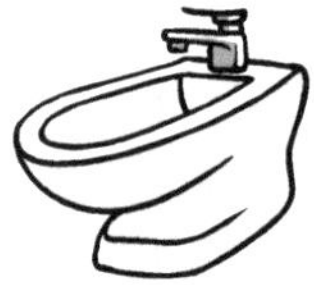

bidé
bideu

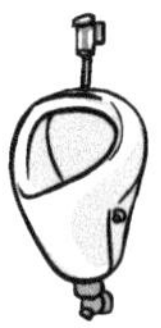

mingitorio
pisoir

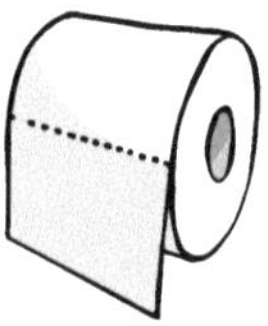

papel higiénico
hârtie igienică

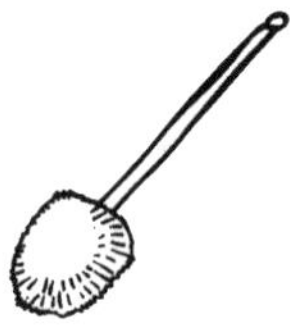

cepillo para el inodoro
perie de toaletă

cepillo de dientes

periuță de dinți

dentífrico

pastă de dinți

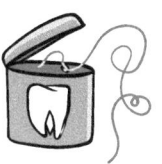

hilo dental

ață dentară

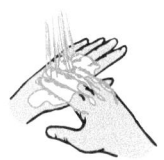

lavar

a spăla

ducha de mano

cap de duș

ducha higiénica

duș intim

palangana

lavoar

cepillo para espalda

perie pentru spate

jabón

săpun

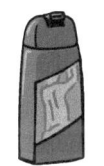

gel de ducha

gel de duș

shampoo

șampon

toallita

cârpă de spălat

desagüe

scurgere

crema

cremă

desodorante

deodorant

espejo

oglindă

espejito

oglindă cosmeticǎ

maquinita de afeitar

aparat de ras

espuma de afeitar

spumǎ de ras

aftershave

aftershave

peine

pieptene

cepillo

perie

secador de pelo

uscǎtor de pǎr

spray

fixator

maquillaje

machiaj

lápiz de labios

ruj

esmalte para uñas

lac de unghii

algodón

vatǎ

tijera para uñas

foarfece de unghii

perfume

parfum

portacosméticos

neseser

banqueta

taburet

balanza

cântar

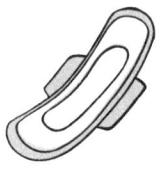

bata

halat de baie

guantes de goma

mănuși de cauciuc

tampón

tampon

toallita femenina

tampon

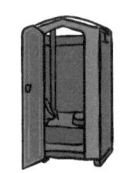

baño químico

toaletă chimică

cuarto de los chicos
camera copiilor

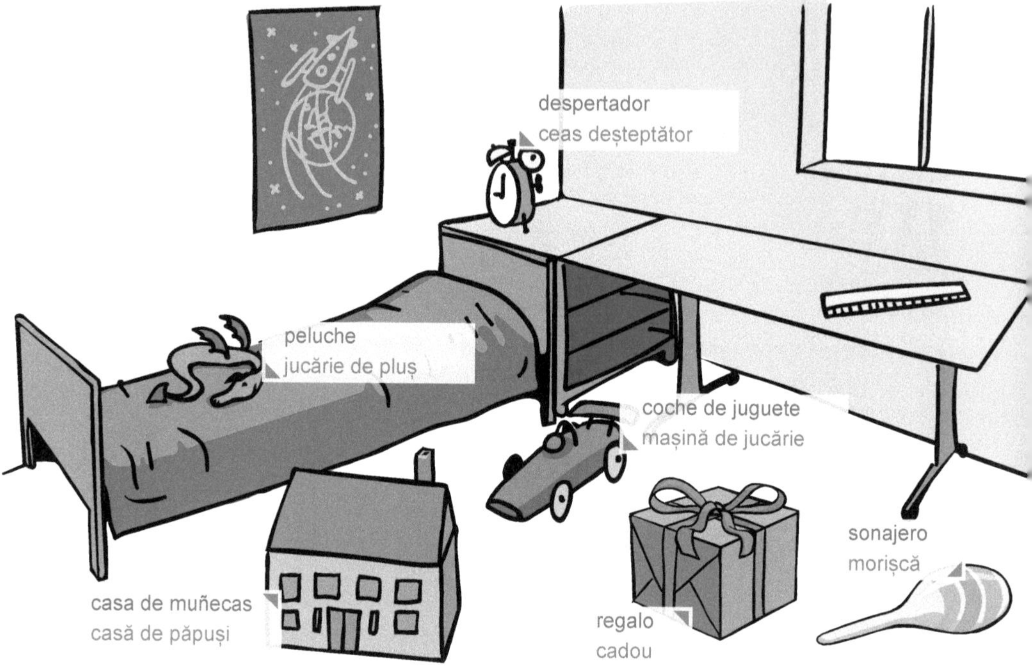
despertador
ceas deșteptător
peluche
jucărie de pluș
coche de juguete
mașină de jucărie
sonajero
morișcă
casa de muñecas
casă de păpuși
regalo
cadou

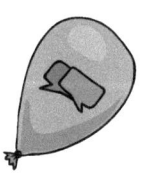

globo

balon

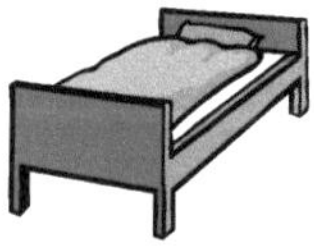

cama

pat

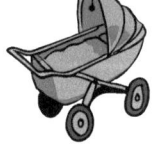

cochecito

cărucior de copii

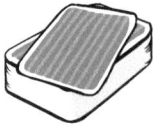

cartas

joc de cărți

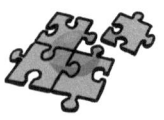

rompecabezas

puzzle

SUPER
MEGA

historieta

revistă de benzi desenate

piezas de lego

cuburi lego

ladrillos de juguete

piese pentru construcții

figura de acción

personaj din filmele de acțiune

enterito (de bebé)

body

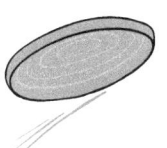

frisbee

frisbee

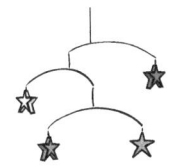

móvil para bebés

mobil

juego de mesa

joc de societate

dados

zar

tren eléctrico

set trenuleț de jucărie

chupete

suzetă

fiesta

petrecere

libro dc cuentos ilustrado

carte cu poze

pelota

minge

muñeca

păpușă

jugar

a se juca

arenero

groapă de nisip

hamaca

leagăn

juguetes

jucării

consola de videojuegos

consolă video

triciclo

tricicletă

osito de peluche

ursuleț

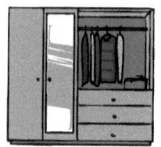

armario

dulap

ropa

îmbrăcăminte

medias

șosete

medias panty

ciorapi

calzas

dres

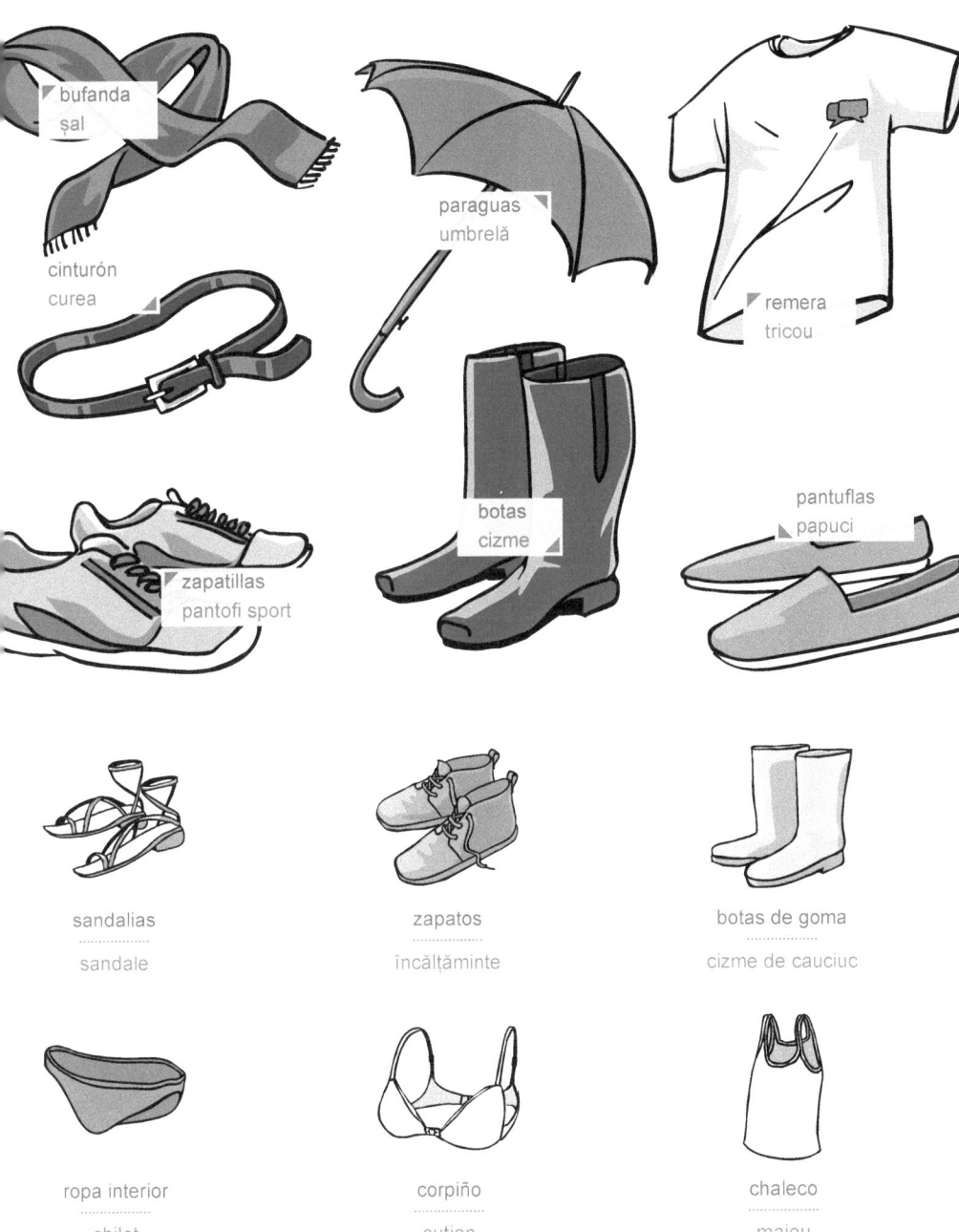

bufanda
șal

cinturón
curea

paraguas
umbrelă

remera
tricou

zapatillas
pantofi sport

botas
cizme

pantuflas
papuci

sandalias
sandale

zapatos
încălțăminte

botas de goma
cizme de cauciuc

ropa interior
chilot

corpiño
sutien

chaleco
maiou

body
body

pantalones
pantaloni

jeans
blugi

pollera
fustă

blusa
bluză

camisa
cămașă

pulóver
pulover

buzo
jerseu

blazer
sacou

campera
jachetă

tapado
palton

piloto
pelerină de ploaie

traje
costum

vestido
rochie

vestido de novia
rochie de mireasă

traje

costum

camisón

cămaşă de noapte

pijama

pijama

sari

sari

pañuelo para cabeza

batic

turbante

turban

burka

burka

caftán

caftan

abaya

abaya

traje de bano

costum de baie

short de baño

şort

shorts

pantaloni scurţi

jogging

trening

delantal

şorţ

guantes

mănuşi

botón
nasture

anteojos
ochelari

pulsera
brăţară

collar
lanţ

anillo
inel

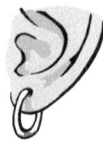

aro
cercel

gorra
căciulă

percha
umeraş

sombrero
pălărie

corbata
cravată

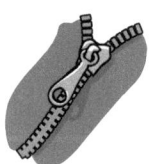

cierre
fermoar

casco
cască

tiradores
bretele

uniforme escolar
uniformă şcolară

uniforme
uniformă

babero

bavețică

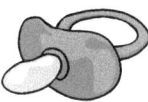

chupete

suzetă

pañal

scutec

servidor
server

archivero
dulap de acte

impresora
imprimantă

papel
hârtie

monitor
monitor

mouse
mouse

escritorio
masă de birou

carpeta
fișier

teclado
tastatură

tacho (de basura)
coș de gunoi

silla
scaun

computadora
computer

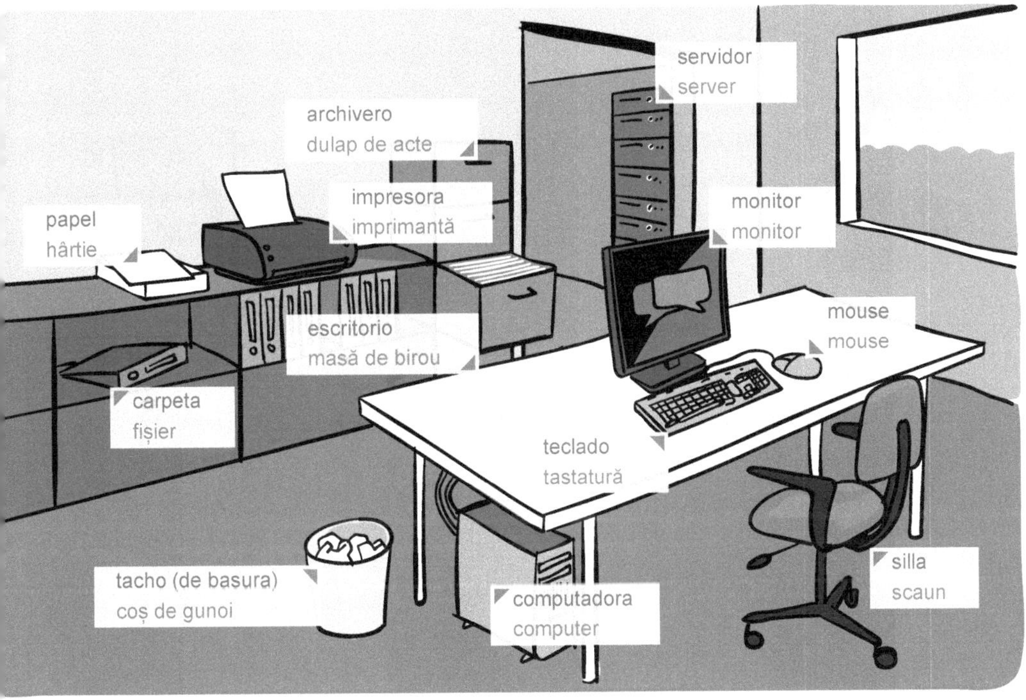

taza de café

ceașcă de cafea

calculadora

calculator

internet

internet

oficina - birou

49

laptop

laptop

carta

scrisoare

mensaje

mesaj

celular

telefon mobil

red

rețea

fotocopiadora

copiator

software

software

teléfono

telefon

tomacorriente

priză

fax

fax

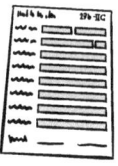

formulario

formular

documento

document

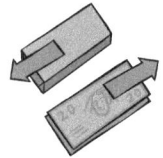

comprar
a cumpăra

pagar
a plăti

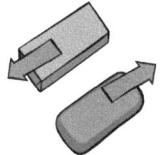

hacer negocios
a face comerț

dinero
bani

dólar
Dolar

euro
Euro

yen
Yen

rublo
Rublă

franco suizo
Franc Elvețian

yuan
renminbi yuan

rupia
Rupie

cajero automático
bancomat

casa de cambio

casă de schimb valutar

oro

aur

plata

argint

petróleo

petrol

energía

energie

precio

preț

contrato

contract

impuesto

impozit

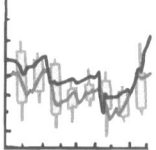

acción

acțiune

trabajar

a munci

empleado

angajat

empleador

angajator

fábrica

fabrică

negocio

magazin

ocupaciones
ocupații

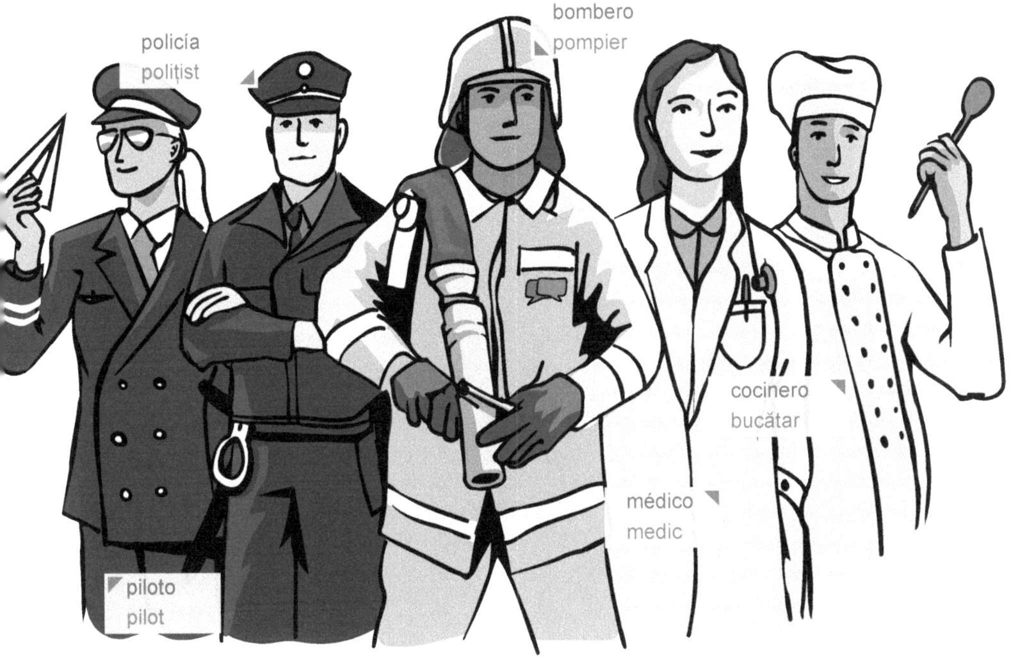
policía
polițist
bombero
pompier
cocinero
bucătar
médico
medic
piloto
pilot

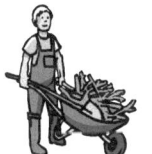

jardinero
grădinar

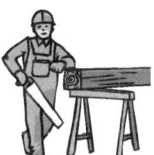

carpintero
tâmplar

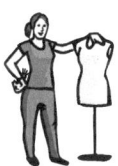

modista
cusătoreasă

juez
judecător

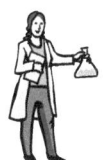

farmacéutico
chimist

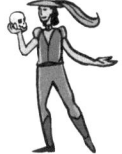

actor
actor

colectivero

șofer de autobuz

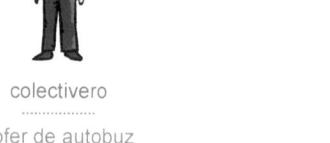

taxista

șofer de taxi

pescador

pescar

mucama

femeie de serviciu

techista

tinichigiu

mozo

chelnăr

cazador

vânător

pintor

pictor

panadero

brutar

electricista

electrician

albañil

muncitor în construcții

ingeniero

inginer

carnicero

măcelar

plomero

instalator

cartero

poștaș

soldado

soldat

arquitecto

arhitect

cajero

casier

florista

florar

peluquero

frizer

cobrador

controlor

mecánico

mecanic

capitán

căpitan

dentista

stomatolog

científico

om de ştiinţă

rabino

rabin

imán

imam

monje

călugăr

sacerdote

preot

herramientas
instrumente

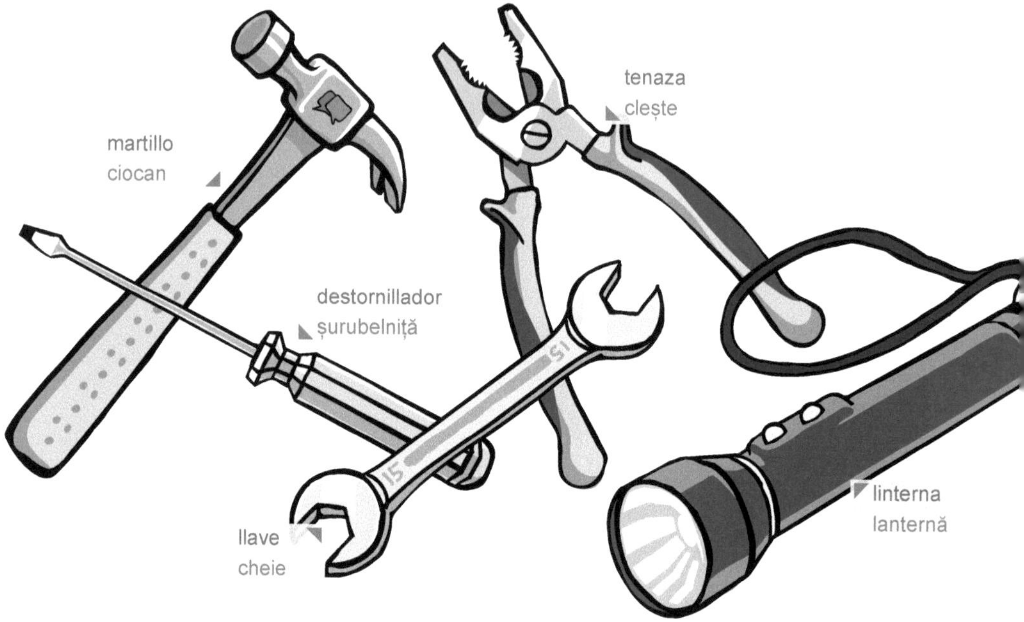
tenaza
clește
martillo
ciocan
destornillador
șurubelniță
linterna
lanternă
llave
cheie

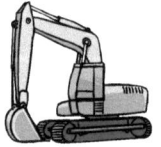

excavadora

excavator

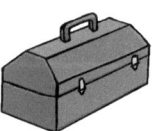

caja de herramientas

cutie de scule

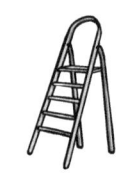

escalera portátil

scară

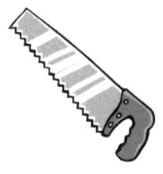

sierra

ferăstrău

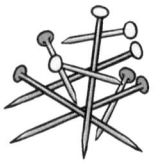

clavos

cuie

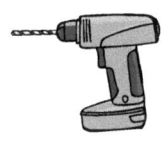

taladro

burghiu

arreglar

a repara

pala de jardín

lopată

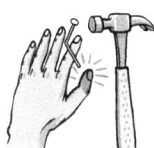

¡Qué bronca!

La naiba!

pala de plástico

fàraş

tacho de pintura

vas pentru vopsea

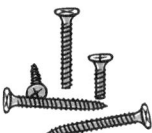

tornillos

şuruburi

instrumentos musicales
instrumente muzicale

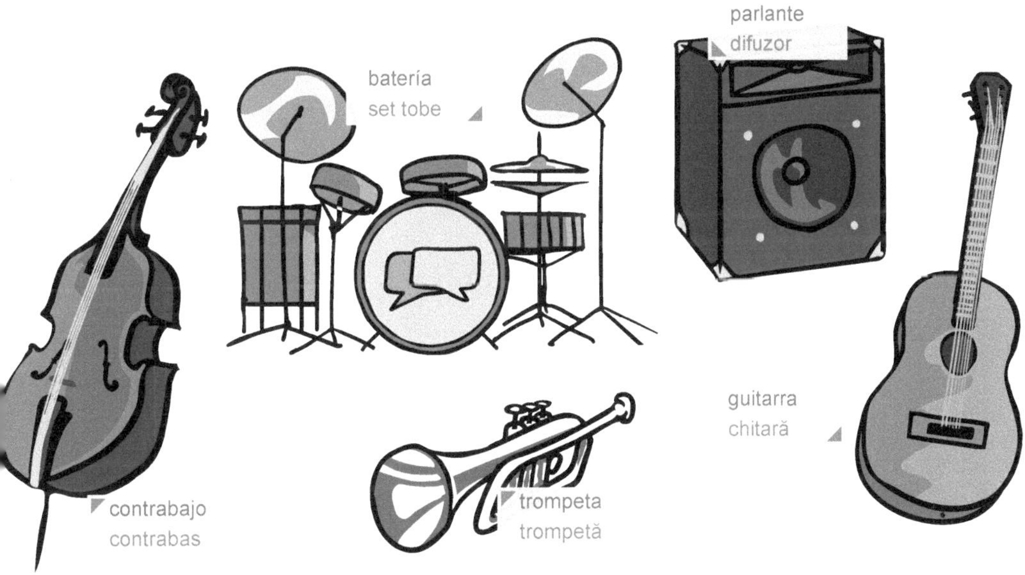

parlante
difuzor

batería
set tobe

guitarra
chitară

contrabajo
contrabas

trompeta
trompetă

piano
pian

violín
vioară

bajo
bas

timbales
trombon

tambor
tobă

teclado
keyboard

saxofón
saxofon

flauta
fluier

micrófono
microfon

zoológico
grădină zoologică

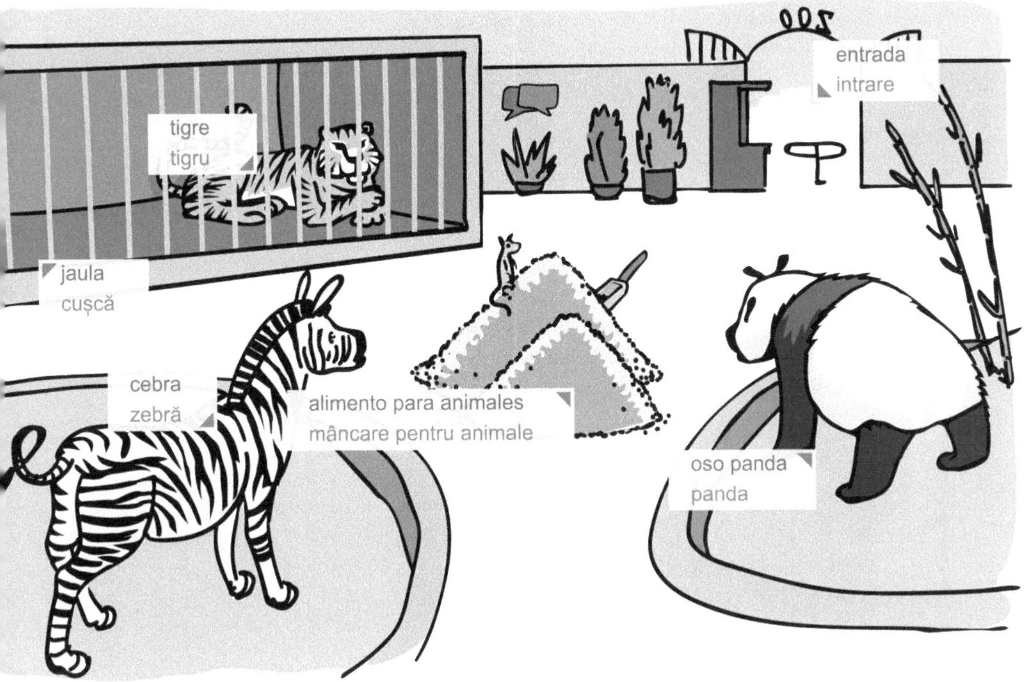
entrada
intrare
tigre
tigru
jaula
cușcă
cebra
zebră
alimento para animales
mâncare pentru animale
oso panda
panda

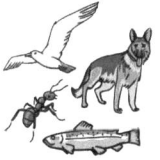

animales

animale

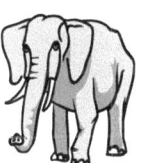

elefante

elefant

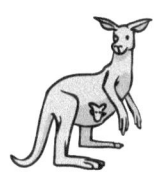

canguro

cangur

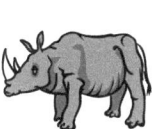

rinoceronte

rinocer

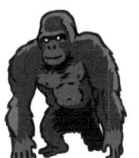

gorila

gorilă

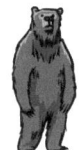

oso

urs

camello

cămilă

avestruz

struț

león

leu

mono

maimuță

flamenco

flamingo

loro

papagal

oso polar

urs polar

pingüino

pinguin

tiburón

rechin

pavo real

păun

serpiente

șarpe

cocodrilo

crocodil

cuidador del zoológico

îngrijitor grădina zoologică

foca

focă

jaguar

jaguar

zoológico - grădină zoologică

poni
ponei

leopardo
leopard

hipopótamo
hipopotam

jirafa
girafă

águila
acvilă

jabalí
porc mistreț

pescado
pește

tortuga
broască țestoasă

morsa
morsă

zorro
vulpe

gacela
gazelă

fútbol americano
fotbal american

ciclismo
ciclism

tenis
tenis

básquet
basketball

natación
înot

boxeo
box

hockey sobre hielo
hockey pe gheață

fútbol
fotbal

bádminton
badminton

atletismo
atletism

handball
handbal

esquí
schi

polo
polo

actividades
activități

saltar
a sări
abrazar
a îmbrățișa
reír
a râde
caminar
a merge
cantar
a cânta
soñar
a visa
rezar
a se ruga
besar
a săruta

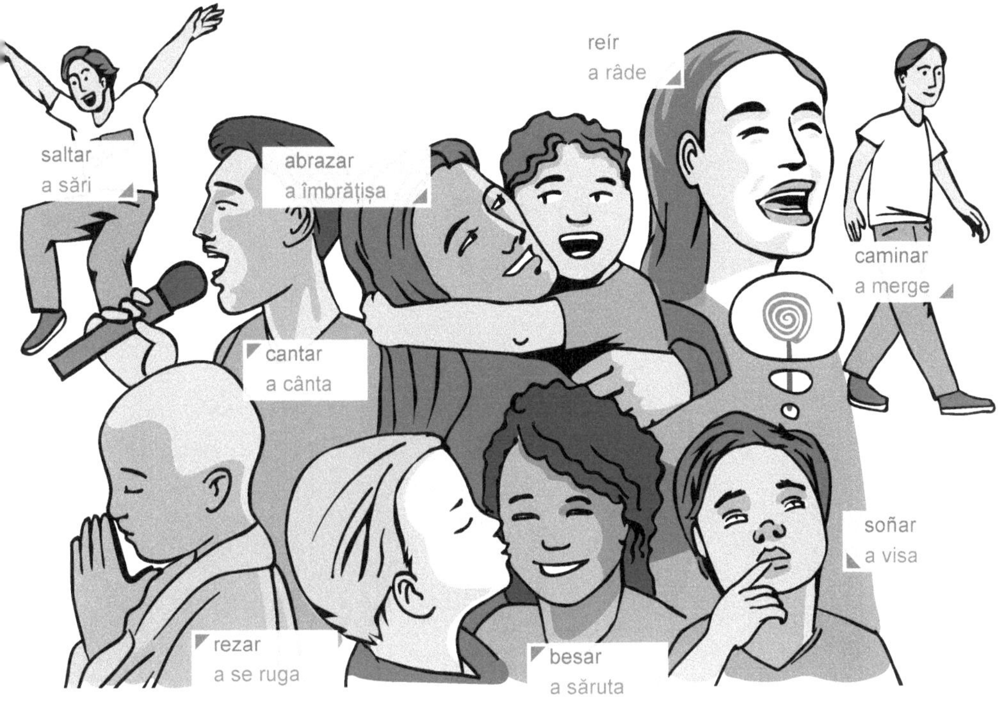

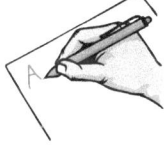

escribir
a scrie

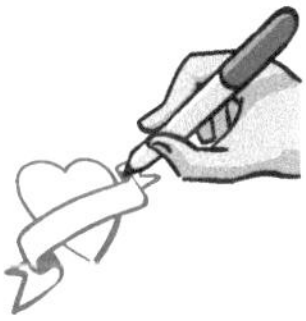

dibujar
a desena

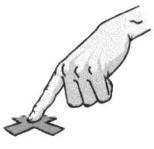

mostrar
a arăta

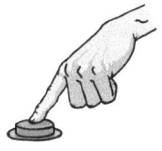

presionar
a împinge

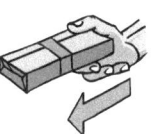

dar
a da

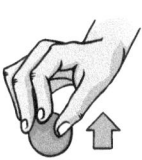

tomar
a lua

tener

a avea

hacer

a face

ser

a fi

estar parado

a sta în picioare

correr

a fugi

tirar

a trage

tirar

a arunca

caer

a cădea

estar acostado

a sta întins

esperar

a aștepta

llevar

a purta

estar sentado

a ședea

vestirse

a se îmbrăca

dormir

a dormi

despertar

a se trezi

mirar

a privi

llorar

a plânge

acariciar

a mângâia

peinar

a se pieptăna

hablar

a vorbi

entender

a înțelege

preguntar

a întreba

escuchar

a asculta

beber

a bea

comer

a mânca

ordenar

a face ordine

amar

a iubi

cocinar

a găti

manejar

a conduce

volar

a zbura

navegar
a naviga

calcular
a calcula

leer
a citi

aprender
a învăța

trabajar
a munci

casarse
a se căsători

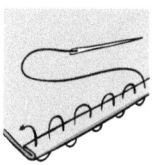

coser
a coase

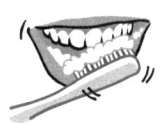

cepillarse los dientes
a se spăla pe dinți

matar
a ucide

fumar
a fuma

enviar
a trimite

familia
familie

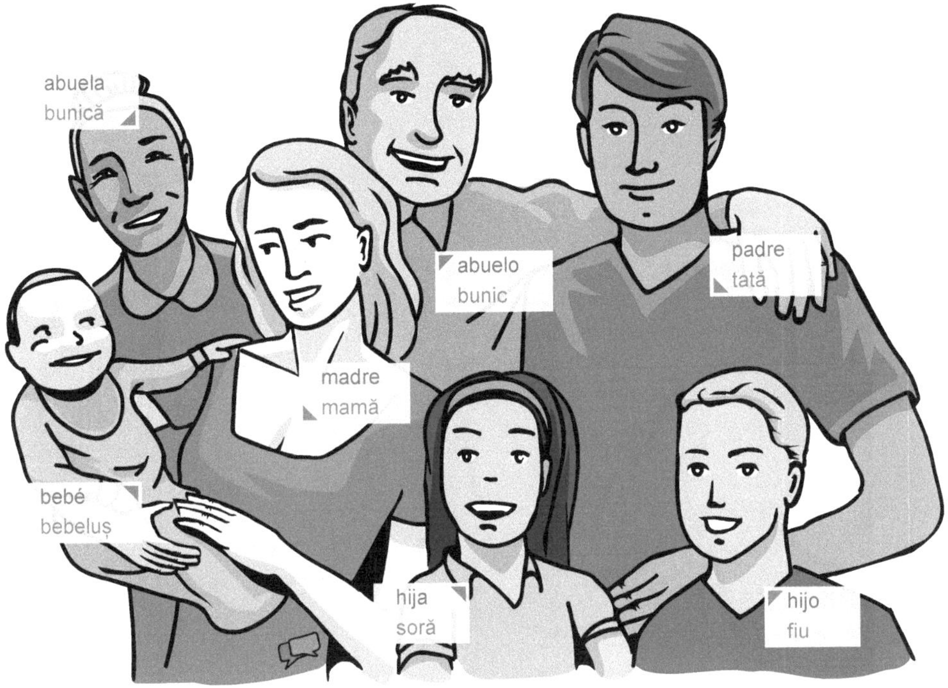
abuela
bunică
abuelo
bunic
padre
tată
madre
mamă
bebé
bebeluș
hija
soră
hijo
fiu

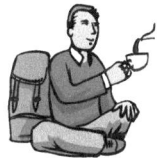

invitado

oaspete

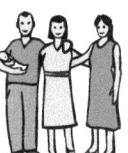

tía

mătușă

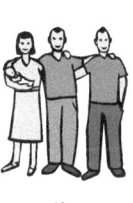

tío

unchi

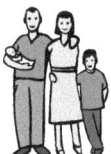

hermano

frate

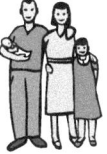

hermana

soră

cuerpo

corp

frente
frunte
ojo
ochi
hombro
umăr
dedo
deget
cara
față
pera
bărbie
mano
mână
pecho
piept
pierna
picior
brazo
braț

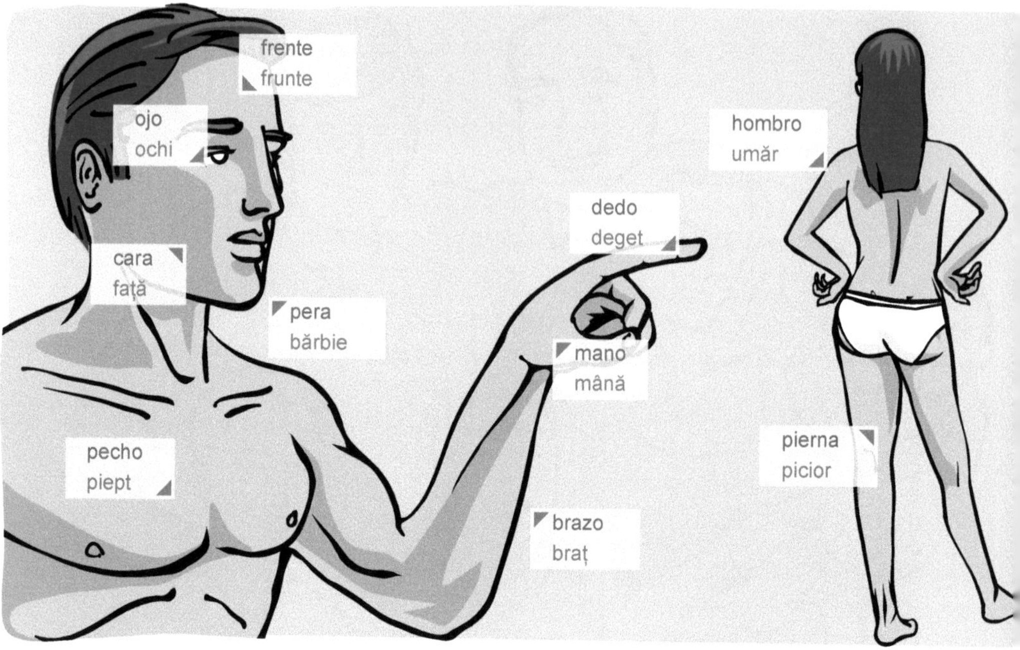

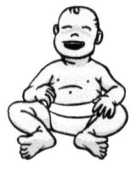

bebé

bebeluș

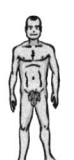

hombre

bărbat

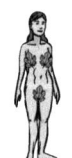

mujer

femeie

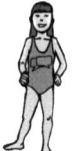

nena

fată

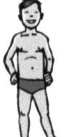

nene

băiat

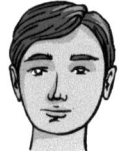

cabeza

cap

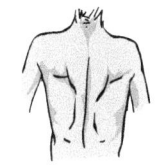

espalda

spate

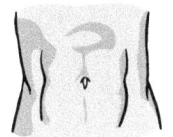

panza

abdomen

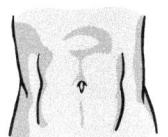

ombligo

ombilic

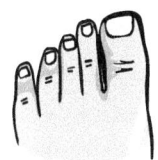

dedo del pie

deget de la picior

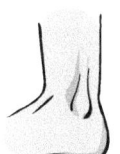

talón

călcâi

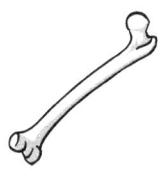

hueso

os

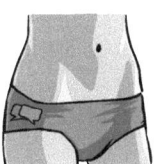

cadera

șold

rodilla

genunchi

codo

cot

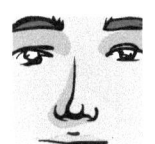

nariz

nas

cola

fund

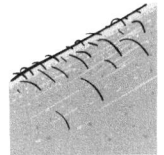

piel

piele

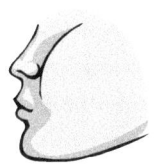

cachete

obraz

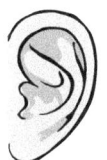

oreja

ureche

labio

buză

boca
gură

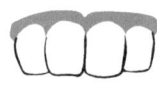

diente
dinte

lengua
limbă

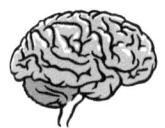

cerebro
creier

corazón
inimă

músculo
mușchi

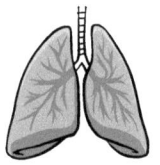

pulmón
plămân

hígado
ficat

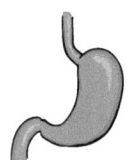

estómago
stomac

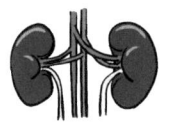

riñones
rinichi

sexo
sex

preservativo
prezervativ

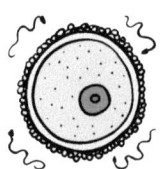

óvulo
ovul

semen
spermă

embarazo
sarcină

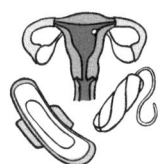

menstruación

menstruație

vagina

vagin

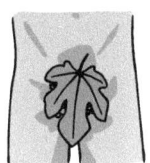

pene

penis

ceja

sprânceană

pelo

păr

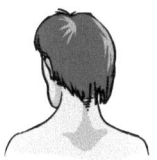

cuello

gât

hospital
spital

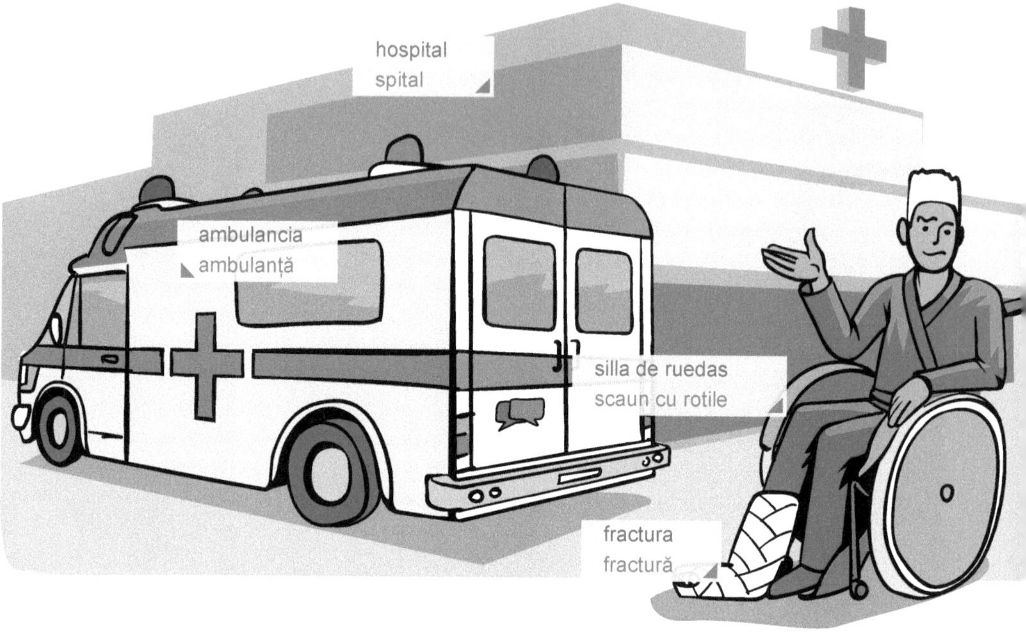

hospital
spital
ambulancia
ambulanță
silla de ruedas
scaun cu rotile
fractura
fractură

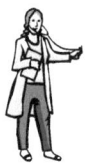

médico
medic

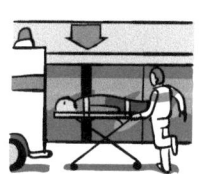

sala de guardia
unitate de primiri urgențe

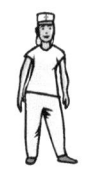

enfermera
soră medicală

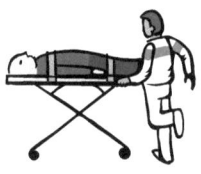

emergencia
urgență

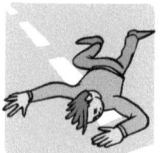

inconsciente
inconștient

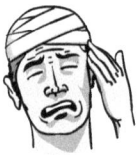

dolor
durere

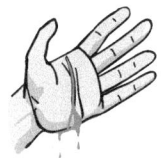

lesión

leziune

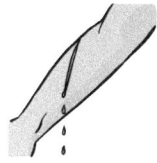

hemorragia

sângerare

infarto

infarct miocardic

ACV

atac cerebral

alergia

alergie

tos

tuse

fiebre

febră

gripe

gripă

diarrea

diaree

dolor de cabeza

durere de cap

cáncer

cancer

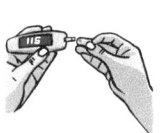

diabetes

diabet

cirujano

chirurg

bisturí

scalpel

operación

operație

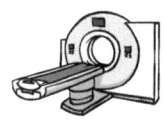

TC
CT

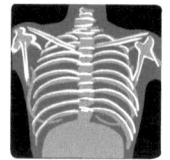

rayos x
raze Röntgen

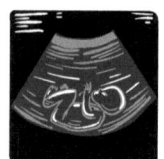

ecografía
ultrasunet

barbijo
mască

enfermedad
boală

sala de espera
sală de așteptare

muleta
cârjă

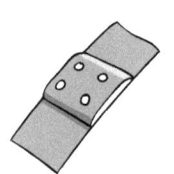

curita
plasture

venda
bandaj

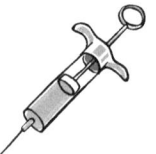

inyección
injecție

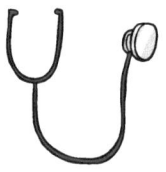

estetoscopio
stetoscop

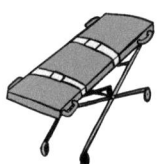

camilla
targă

termómetro
termometru

nacimiento
naștere

sobrepeso
supraponderabilitate

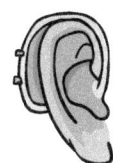

audífono

aparat auditiv

desinfectante

dezinfectant

infección

infecție

virus

virus

VIH / SIDA

HIV/SIDA

remedio

medicină

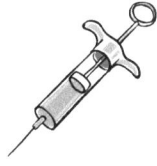

vacunación

vaccin

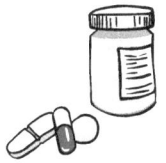

comprimidos

tablete

pastilla anticonceptiva

pastilă

llamada de emergencia

apel de urgență

tensiómetro

aparat de măsurare a
presiunii arteriale

enfermo / sano

bolnav/sănătos

¡Ayuda!

Ajutor!

alarma

alarmă

agresión

agresiune

ataque

atac

peligro

pericol

salida de emergencia

ieșire de urgenţă

¡Fuego!

Foc!

matafuego

extinctor

accidente

accident

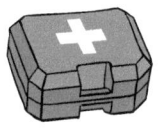

botiquín de primeros
auxilios

trusă de prim-ajutor

SOS

SOS

policía

poliţie

Europa

Europa

América del Norte

America de Nord

América del Sur

America de Sud

África

Africa

Asia

Asia

Australia

Australia

Atlántico

Altantic

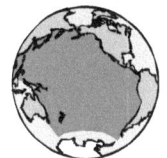

Pacífico

Pacific

Océano Índico

Oceanul Indian

Océano Antártico

Oceanul Antarctic

Océano Ártico

Oceanul Arctic

polo norte

Polul Nord

polo sur
Polul Sud

Antártida
Antarctica

Tierra
pământ

tierra
țară

mar
mare

isla
insulă

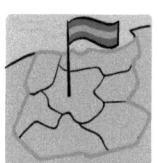

nación
națiune

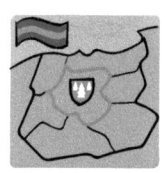

estado
stat

esfera

cadran

manecilla de las horas

orar

minutero

minutar

segundero

secundar

¿Qué hora es?

Cât e ceasul?

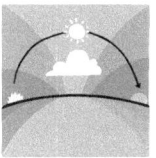

día

zi

hora

timp

ahora

acum

reloj digital

cead digital

minuto

minut

hora

oră

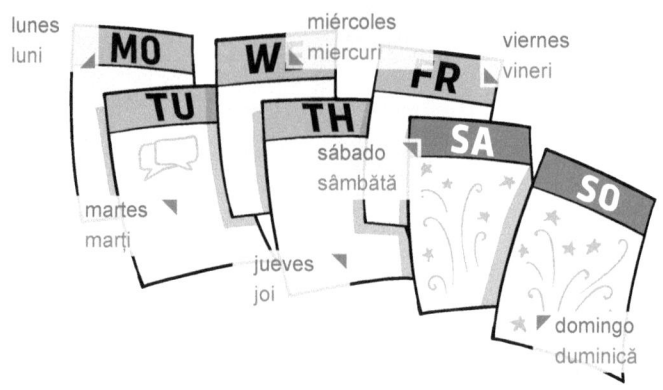

lunes / luni
miércoles / miercuri
viernes / vineri
martes / marți
sábado / sâmbătă
jueves / joi
domingo / duminică

ayer
ieri

hoy
azi

mañana
mâine

mañana
dimineață

mediodía
amiază

tarde
seară

MO	TU	WE	TH	FR	SA	SU
1	2	3	4	5	6	7
8	9	10	11	12	13	14
15	16	17	18	19	20	21
22	23	24	25	26	27	28
29	30	31	1	2	3	4

días hábiles
zile lucrătoare

MO	TU	WE	TH	FR	SA	SU
1	2	3	4	5	6	7
8	9	10	11	12	13	14
15	16	17	18	19	20	21
22	23	24	25	26	27	28
29	30	31	1	2	3	4

fin de semana
week-end

lluvia
ploaie

arco iris
curcubeu

nieve
zăpadă

viento
vânt

primavera
primăvară

otoño
toamnă

verano
vară

invierno
iarnă

4.APRIL	11°	☀
5.APRIL	4°	☁
6.APRIL	13°	☂
7.APRIL	8°	☀
8.APRIL	10°	☀

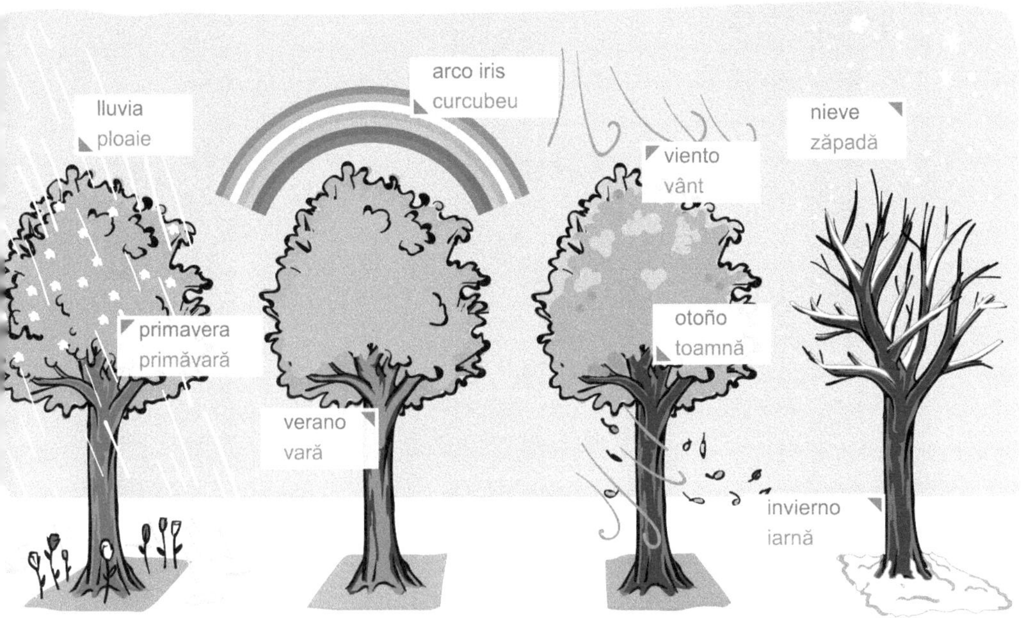

pronóstico meteorológico

prognoză meteo

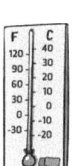

termómetro

termometru

luz del sol

lumina soarelui

nube

nor

niebla

ceață

humedad

umiditate a aerului

rayo

fulger

trueno

tunet

tormenta

furtună

granizo

grindină

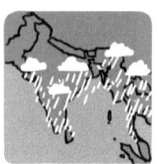

monzón

muson

inundación

inundație

hielo

gheață

enero

ianuarie

febrero

februarie

marzo

martie

abril

aprilie

mayo

mai

junio

iunie

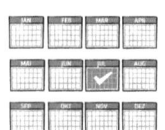

julio

iulie

agosto

august

septiembre
....
septembrie

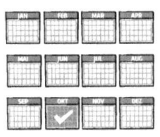

octubre
....
octombrie

noviembre
....
noiembrie

diciembre
....
decembrie

formas

forme

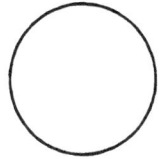

círculo
....
cerc

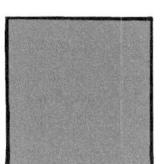

cuadrado
....
pătrat

rectángulo
....
dreptunghi

triángulo
....
triunghi

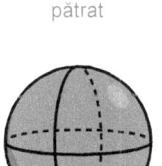

esfera
....
sferă

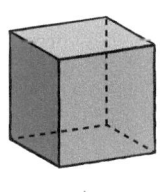

cubo
....
cub

blanco

alb

amarillo

galben

naranja

portocaliu

rosa

roz

rojo

roșu

violeta

violet

azul

albastru

verde

verde

marrón

maro

gris

gri

negro

negru

mucho / poco

mult/puţin

enojado / tranquilo

furios/calm

lindo / feo

frumos/urât

principio / fin

început/sfârşit

grande / chico

mare/mic

claro / oscuro

luminos/întunecat

hermano / hermana

frate/soră

limpio / sucio

curat/murdar

completo / incompleto

complet/incomplet

día / noche

zi/noapte

muerto / vivo

mort/viu

ancho / angosto

lat/strâmt

comestible / no comestible

comestibil/necomestibil

malo / amable

rău/prietenos

entusiasmado / aburrido

emoționat/plictisit

gordo / flaco

gras/slab

primero / último

primul/ultimul

amigo / enemigo

prieten/inamic

lleno / vacío

plin/gol

duro / blando

tare/moale

pesado / liviano

greu/ușor

hambre / sed

foame/sete

enfermo / sano

bolnav/sănătos

ilegal / legal

ilegal/legal

inteligente / estúpido

inteligent/stupid

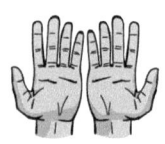

izquierda / derecha

stânga/dreapta

cerca / lejos

aproape/departe

nuevo / usado

nou/uzat

nada / algo

nimic/ceva

viejo / joven

bătrân/tânăr

encendido / apagado

pornit/oprit

abierto / cerrado

deschis/închis

silencioso / ruidoso

încet/tare

rico / pobre

bogat/sărac

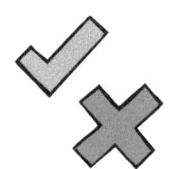

correcto / incorrecto

corect/fals

áspero / suave

aspru/neted

triste / contento

trist/fericit

corto / largo

lung/scurt

lento / rápido

încet/repede

mojado / seco

ud/uscat

caliente / frío

cald/rece

guerra / paz

război/pace

0

cero

zero

1

uno

unu

2

dos

doi

3

tres

trei

4

cuatro

patru

5

cinco

cinci

6

seis

șase

7

siete

șapte

8

ocho

opt

9

nueve

nouă

10

diez

zece

11

once

unsprezece

12
doce

douăsprezece

13
trece

treisprezece

14
catorce

paisprezece

15
quince

cincisprezece

16
dieciséis

șaisprezece

17
diecisiete

șaptesprezece

18
dieciocho

optsprezece

19
diecinueve

nouăsprezece

20
veinte

douăzeci

100
cien

o sută

1.000
mil

o mie

1.000.000
millón

un milion

inglés

engleză

inglés americano

engleză americană

chino mandarin

chineza mandarină

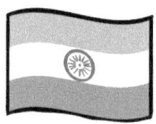

hindi

hindi

español

spaniolă

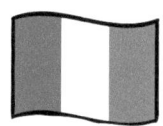

francés

franceză

árabe

arabă

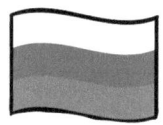

ruso

rusă

portugués

protugheză

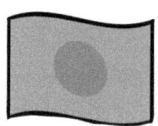

bengali

bengaleză

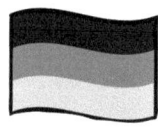

alemán

germană

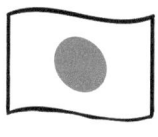

japonés

japoneză

yo

eu

vos

tu

él / ella

el/ea

nosotros

noi

ustedes

voi

ellos

ea

¿quién?

cine?

¿qué?

ce?

¿cómo?

cum?

¿dónde?

unde?

¿cuándo?

cánd?

nombre

nume

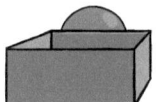

detrás

în spate

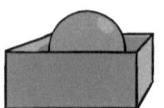

en

în

adelante de

înainte

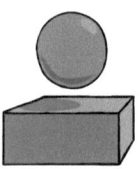

por encima de

peste

sobre

pe

debajo de

sub

al lado de

lângă

entre

între

lugar

loc